I am from Veracruz

English

Yo soy de Veracruz

Español

English: This book is dedicated to my "Abuelitos" in Mexico because they took care of me and love me unconditioally!

Español: Este libro va dedicado a mis Abuelitos porque me cuidaron y me aman incondicionalmente!

Introduction

"I am from Veracruz" is a fun Bilingua Book created by my son and I remembering the fun moments we lived in Mexico.

Introducción

"Yo soy de Veracruz" es un divertido libr bilingüe creado por mi hijo y yo recordando los divertidos momentos que vivimos en México.

nglish: Hello! My name is Liam, and I am from Veracruz. Let me tell you my story...

Español: ¡Hola! Mi nombre es Liam, y soy de Veracruz. Te contaré mi historia...

English: My mom is from the Dominican Republic and my dad is from Veracruz, Mexico.

Español: Mi mamá es de Republica Dominicana y mi papá es de Veracruz, México.

English: My mom and dad met in the United States, fell in love and then I was born.

Español: Mi mamá y papá se conocieron en Estados Unidos, se enamoraron y así nací yo.

English: I spent my first two years in the United States. My parents and I had a life full of happy days.

Español: Pasé mis primeros dos años en Estados Unidos. Mis papás y yo teníamos una vida llena de días felices.

English: We lived in a mall apartment, and we were a very cute family. I was the happiest child!

Español: Vivíamos en un pequeño departamento y éramos una muy linda familia ¡Yo era el niño más feliz!

English: They used to take me to the park all the time. I used to play with my cousin and my mom made delicious dominican food every day!

Español: Ellos me llevaban al parque todo el tiempo. Solía jugar con mis primos. ¡Y mi mamá preparaba deliciosa comida dominicana todos los días!

English: Everything was perfect. Until one day my dad had to move back to Mexico.

Español: Todo era perfecto. Hasta que un día mi papá tuvo que regresar a México.

English: That made me very sad, and I would always ask my mom when dad was going to come back.

Español: Eso me puso muy triste, y siempre le preguntaba a mi mamá cuando iba a regresar papá.

English: Until one day my mom told me that he had to move back to Mexico, and I told her I wanted to go to Mexico to see my dad.

Español: Hasta que un día ella me dijo que mi papá tuvo que regresarse a México. Así que le dije a mi mamá que quería ir a México a ver a mi papá.

English: At first, I felt very sad leaving my mom but I was also excited t see my dad in Mexico

Español: Al principio me sentí muy triste por tener que dejar a mi mamá, pero también estaba emocionado de ir a Mexico y ver a mi papá.

English: We took a flight to Mexico. From the airplane I could see the sea, the mountains and how beautiful Mexico was. I knew I was going to love it here!

Español: Entonces tomamos un vuelo a México. Desde el avión podía ver el mar, las montañas y lo hermoso que México era. ¡Sabía que me iba a gustar mucho!

English: There is my dad. Daddy!!

Español: Ahí está mi papá. ¡¡Papi!!

English: He was waiting for us at the airport of Veracruz with my "Abuelita". I was so happy to see my [d]ad and to meet my "Abuelita" for the first time.

Español: Él estaba esperándonos en el aeropuerto de Veracruz con mi Abuelita. Yo estaba muy feliz de ver a mi papá y de conocer a mi Abuelita por primera vez.

English: When we finally got home, I also met my "Abuelito." He gave me a big hug and said to me "Welcome son!"

Español: Cuando finalmente llegamos a casa, también conocí a mí a Abuelito. ¡El me dio un gran abrazo y me dijo "Bienvenido hijo!"

English: My "Abuelitos" don't speak English, only Spanish. They talked to me in Spanish, and I still understood them.

Español: Mis abuelitos no hablan inglés, solo Español. Ellos me hablaban en español y aun así yo les entendía.

English: Ever since I remember my parents speak to me in English and Spanish, so I had no trouble talking to my "Abuelitos"

Español: Desde que recuerdo mis papás me hablan en inglés y en español, así que no tuve problemas para hablar con mis abuelitos.

English: The next day my "Abuelitos" showed me around And told me that they had a surprise for me.

Español: Al día siguiente, mis Abuelitos me mostraron el lugar Y dijeron que tenían una sorpresa para mí.

English: Surprise... "Abuelita" got me a parrot, he was so colorful and beautiful. I named him "Paco". I also had a beautiful dog named "Estrellita". ¡And many little pigs

Español: ¡Sorpresa!... Abuelita me regalo un loro, tenía muchos colores y era hermoso. Lo nombre "Paco". También tenía una linda perrita llamada "Estrellita". ¡Y muchos cerditos!

English: I would wake up every morning and feed Paco, Estrellita and the pigs.

Español: Despertaba cada mañana y le daba comida a paco, a estrellita y a los cerditos.

English: In Veracruz I made new friends. Mia, Pique and Jimena became my best friends

Español: En Veracruz hice nuevos amigos. Mia, Pique y Jimena se convirtieron en mis mejores amigos.

English: I used to play with them at the park, ride the bike and even climb the tree at abuelitos backyard.

Español: Solía jugar con ellos en el parque, andar en bici y hasta escalábamos el árbol en el patio de mis abuelitos.

English: My "Abuelita" made lot of Mexican food. She used to make my favorite food like tacos, tamales and green sauce pozole. Everything was so yummy!

Español: Mi abuelita hacía mucha comida mexicana. Ella cocinaba mis comidas favoritas como tacos, tamales y pozole en salsa verde. ¡Todo era muy rico

English: My dad used to take me to many fun places, like the city square in boca del rio Veracruz. A very big place where you could buy cotton candy, balloons and all kind of traditional toys.

Español: Mi papá me llevaba a muchos lugares divertidos, como la placita en boca del rio Veracruz. Un lugar muy grande donde podías comprar algodón de azúcar, globos y todo tipo de juguetes tradicionales.

English: My favorite was going to a city called San Andres, to the Chedraui store where my dad would buy me toys. Then go to Catemaco to swim in the lake.

Español: Mi favorito era ir a una ciudad llamada San Andrés a la tienda Chedraui donde mi papá me compraba juguetes y después i a Catemaco a nadar en el lago

English: While I lived in Mexico, I went to school from preschool to first grade.

Español: Mientras viví en México, fui a la escuela desde el preescolar hasta el primer año.

English: At the school I had a lots of fun. We used to play tag, hide and seek and solve puzzles almost every day!

Español: En la escuela me divertía mucho. ¡Jugábamos al voto, a las escondidas y resolvíamos rompecabezas casi todos los días!

English: I also learned many things and made lots of friends. Shortly after I learned to speak Spanish fluently.

Español: También aprendí muchas cosas e hice muchos amigos. Poco tiempo después aprendí a hablar español fluido.

English: Finally, years later my mom came back to Mexico to take me bac to the United States.

Español: Finalmente, años después mi mamá regreso a México para llevarme de regreso a Estados Unidos.

English: I was so happy with everything I lived in Mexico. It was very hard for me to say goodbye to my dad, my grandparents, my parrot "Paco", "Estrellita", all the little pigs and all my friends.

Español: Fui muy feliz con todo lo que viví en México. Y fue muy difícil despedirme de mi papá, de mis abuelitos, de mi mascota "Paco", de "estrellita", de los cerditos y de todos mis amigos.

English: I lived in Veracruz from the age of 2 to 7 year old and although I miss Mexico, I'm happy I can always go back.

Español: Viví en Veracruz desde los 2 hasta los 7 años y aunque extraño México, estoy feliz de siempre poder regresar.

English: Now when eople ask me where I am from, I tell them... I am from Veracruz!

Español: Ahora cuando alguien me pregunta de dónde soy, les digo... ¡Yo soy de Veracruz!

Liam & His Family

Liam's mom, dad, grandmother and grandfather

Liam's cousins

Liam friends in mexico

Liam went to school in Mexico from preschool to first grade

"Estrellita"

Liam in San Andres Tuxtla Park

When Liam was 1 years old

Ingram Content Group UK Ltd.
Milton Keynes UK
UKHW020723090623
423166UK00007B/13